まえがき

本シリーズは「どうしたらできるようになるのか」「どうしたらうまくなるのか」という子どもの願いに応えるために，教師が知っておきたい「『運動と指導』のポイント」をわかりやすく示している。

その特徴は「写真」にある。「写真」を使って運動の経過やつまずきを示すことで，動きと運動のポイントが明確になるようにしている。絵では示し得ない運動の姿をリアルに描き出し，それを日々の授業に役立てていただけることを願ってまとめている。

このシリーズは，小学校における体育科の内容を考慮し，**「鉄棒」「マット」「とび箱」「ボール」「水泳」「陸上」「なわとび」「体つくり」**の8巻で構成している。それを筑波大学附属小学校の体育部並びに体育部OBで分担，執筆した。

各巻のなかで取り扱う運動は，系統と適時性を考慮して配列し，基礎的な運動からその発展までを系統樹として巻頭に示した。

本書は，このシリーズのなかの**「鉄棒」**である。

鉄棒運動は，運動ができるためのポイントがはっきりしている。そこで，本書では運動経過を一連の写真で示し，同時に運動のポイントと関連した運動をできるだけ示すことにした。

また，鉄棒運動を含めた器械運動領域は，「できる」「できない」がはっきり見えてしまう運動である。そのため，運動から遠ざかろうとする子も出てくる。反対に，できるようになると喜びも大きいし，生活化もしやすい運動である。基礎感覚を育て，系統的・段階的な指導をすることでできるようになる。

そこで，本書では「基礎感覚を養う運動」をベースにしながら，さまざまな鉄棒運動のなかから代表的な運動や多くの子ができる運動を選び，「上がる運動」「回る運動」「下りる運動」としてくくり，低学年から高学年までの指導時期を緩やかに示した。子どもの実態により，弾力的な指導と授業づくりをしていただければ幸いである。

最後に，本書の出版にご尽力いただいた多くの関係諸氏に心よりお礼を申し上げたい。

鉄棒の授業づくり
10のコツ

1. 低学年の授業が大切　―感覚づくりが技能を支える―

　鉄棒運動は，1本の棒を軸にして逆さになったり，体を支持したり，ぶらさがったり，回転したりする運動である。低学年の子どもは，身が軽いので相対的な筋力も高く，頭が重く回転しやすいという身体的な特徴がある。また，自分のできることを繰り返し楽しんで行うという心理的特質も備えている。この時期に，鉄棒で体を支える，回転する，逆さになるなど基礎感覚を育てておくことが，中学年以降の技能の習得に大きな影響を与える。低学年の授業を大切にしたい。

2. できることから始めよう　―全員がヨーイ・ドンでできる教材から始める―

　経験値が少なく，基礎的な感覚が育っていない状態で難しい技を提示すれば，嫌いになってしまう。感覚や技能の実態に応じて，全員ができそうな内容から取り組むのがよい。4年生であっても，感覚づくりが不足しているようであれば，前回りの連続やダンゴ虫など前方への回転感覚を高めたり，腕で体を引き上げ，体をしめる感覚を育てたりしてから，他の運動を指導していくとよい。

3. ゲーム化して楽しく　―感覚・技能の定着を図る―

　感覚・技能の定着には，楽しい方がよい。例えば「ふとんほし」をしながらジャンケンをするゲームがある。これは，隣り合った班の2人が「ふとんほし」になりジャンケンをする班対抗ゲームである。勝った人数が多いグループが勝ちとなる。子どもは勝ちたいという目標や欲求で取り組むが，教師のねらいは逆さ感覚や腰に鉄棒を引っかけてぶら下がる技能の定着にある。こうしたゲームで楽しく感覚や技能を定着させるとよい。

4. 鉄棒好きにしよう　―スモールステップで達成感や有能感を培う―

　「鉄棒が好き」という子どもに育てるには「できた」という達成感を味わわせることが大切である。そのためには，スモールステップで授業を構成していく必要がある。
　例えば，だるま回りであれば，以下のような段階を設定できる。

> ①ふとんほしの姿勢から腿を持ち，肘を鉄棒につけてだるまの姿勢になれる
> ②だるまの姿勢からブランコで回転の勢いをつけられる
> ③お手伝い（仲間の補助）で1回回れる
> ④お手伝いで3回回れる
> ⑤お手伝いで5回以上回れる
> ⑥自分で1回回れる
> ⑦自分で3回回れる
> ⑧自分で10回回れる

　このような段階を設けることで，「できた」という達成感や有能感を培うことができる。こうした鉄棒への肯定的な感情を持たせることが「鉄棒好き」の子を育てる。

5. 関連する運動を大切に　―似た感覚の運動を意識し，順序性のある指導を行う―

　いきなり逆上がりを指導して，すぐにできるようになるのは難しい。そこで，その運動と類似の感覚を

育てる運動や下位教材になる運動から指導する。逆上がりであれば，足抜き回りやふとんほしからの起き上がり，ダンゴ虫などを扱い，感覚を育ててから逆上がりを指導すれば，できるようになる可能性が高い。

6. お手伝いを上手にしよう　―仲間との関係を深め，できることにつながる―

「逆上がり」「だるま回り」「膝かけ後ろ回り」などは，自分では上がったり，回ったりできなくても補助してもらえば回転を経験できる。回転する感覚を体感でき，動きのイメージを持てるので徐々に自分でできるようになっていく。また，仲間の身体に触れ，補助することで，仲間の様子がわかり，それを伝えることで関係が深まる。最初に補助の位置や行い方をきちんと教えることが必要である。そして，「お手伝いの子が上手ならば，技ができるようになる」ということや，手伝っている仲間が軽く感じられれば，もう少しでできるような状態になっていることを説明して，活動の様子を評価するとよい。

また，声でのお手伝いも大切である。膝かけ後ろ回りの予備振動での「1・2の3」やだるま回りの足振りの「伸ばして，曲げる」などのリズムをつくる声かけは，声をかけられる子にもかける子にも運動のポイントを意識するのに有効に働く。

7. 補助具の効果的な活用を　―「硬い・痛い」を和らげる―

鉄棒運動は「硬くて冷たい・痛い」というイメージがある。実際，何も使わずにだるま回りや膝かけ後ろ回りをすると，肘や膝裏が痛くなる。補助具を使うことで身体的・心理的抵抗を和らげることができる。

8. 授業は細く長く　―他の教材と組み合わせて帯状単元で―

どの運動でも同じだが，上手になる（質が高まる）には繰り返しの練習(量)が必要になる。45分間の授業を5回するよりは，20分の授業を10回した方が技能も身につき，「できる喜び」「上手になる楽しさ」を経験させることができるのである。また，5回の授業では2週間で授業が終わってしまう。12回なら1ヶ月の長いスパンとなる。そうすると授業で行ったことを休み時間にも取り組むことができ，上手になるサイクルが生まれてくる。さらに，手の皮がむけることや，痛みや集中力の欠如などの点からも，長時間続けることは好ましいものではではない。したがって，他の教材と組み合わせて帯状単元で扱った方がよい。

9. 効率的なマネジメント　―鉄棒の高さに応じたグループと集合場所―

鉄棒の高さは身長に合う高さがよい。前回りや膝かけなど，とび上がったり足をかけたりするのには，それぞれ適した高さがあるからである。したがって，並び方は身長順で1グループ男女混合の4人程度がよい。また，集合場所を指定し，いつもそこに集まるようにしておくと効率的に授業を進めることができる。その結果，活動の頻度を保障でき，それがうまくなることにつながる。

10. 動きのポイントの理解を　―コツの共有化を図る―

最低限教えなけばならないことと発見させることを切り分けておくとよい。例えば膝かけ後ろ回りでは，①「1・2の3」の3のところで足を大きく振って回り始めること，②膝裏が引っかかったら回ることの2点は教えなければならないことである。それから，回れるようになった子を観察させ，「回り始めるときには背中と肘を伸ばす」「回っている途中は振った脚を鉄棒にくっつける」「起き上がるときには，膝と胸をくっつけ手で押す」などのコツを発見させていく。視点を示した観察や意図的な発問を用いて，コツの共有化を図ることが学習として大切である。

鉄棒の系統樹

学年	【前に回る運動】	【後ろに回る運動】
6	前方支持回転　　　P58	後方浮き支持回転　　　P56
5	前方両膝かけ回転　　P50	後方腿(もも)かけ回転 後方両膝かけ回転　　P49
4	側方支持回転　P62 【横に回る運動】	後方支持回転　　　P52
3	前方膝かけ回転　　P50	後方膝かけ回転　　P46
	だるま回り　P38 →	だるま後ろ回り　P44
2		膝かけ振り　P32 ／ 逆上がり P22
1	ふとんほし　　　　P16 前回り下り　　　　P14 つばめ，自転車こぎ　P10	足抜き回り　　　　P17 ダンゴ虫　　　　　P12 ぶらさがり・足打ち　P11

【上がる運動・下りる運動】

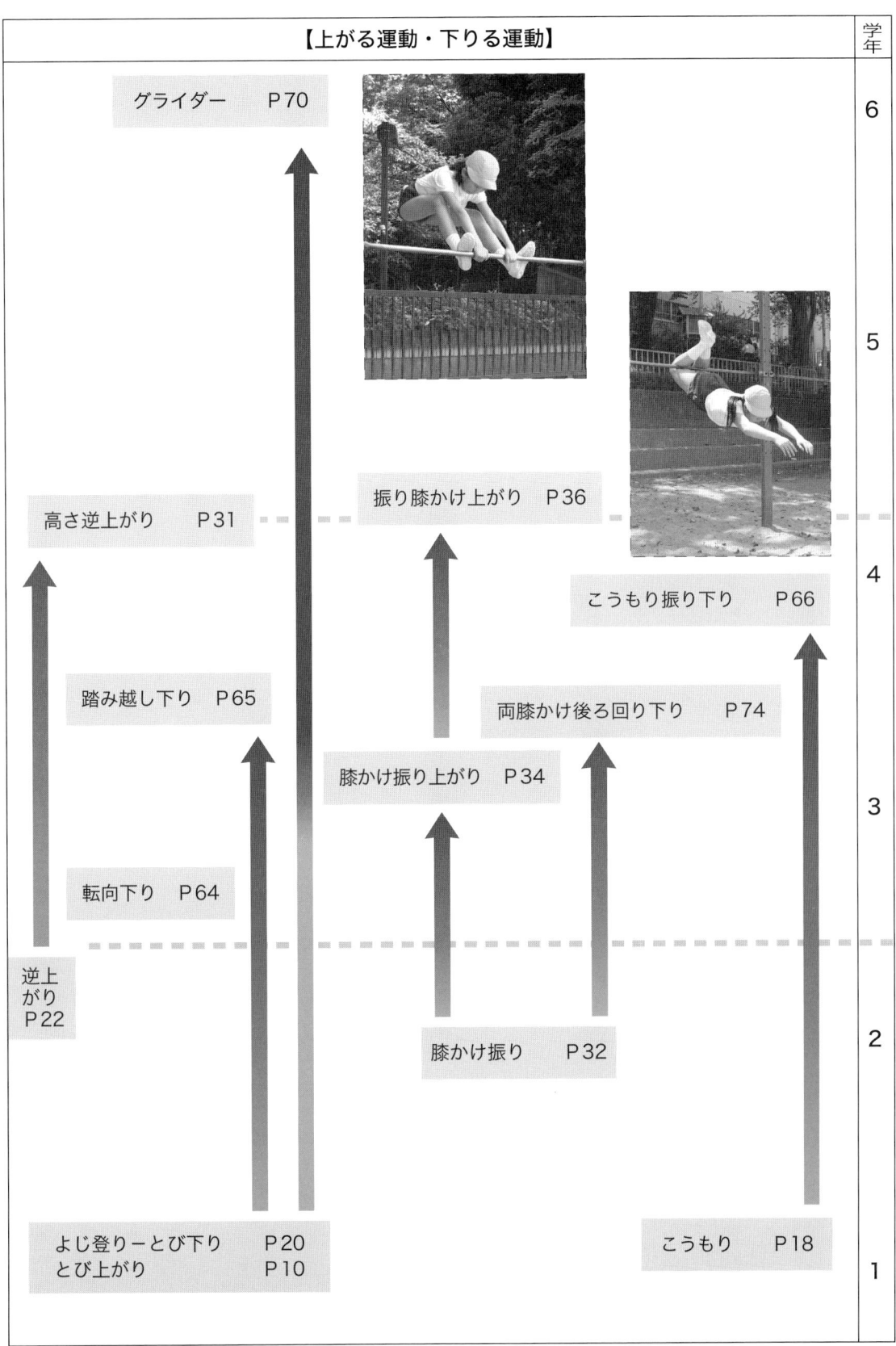

学年	内容
6	グライダー　P70
5	
4	高さ逆上がり　P31 ／ 振り膝かけ上がり　P36 ／ こうもり振り下り　P66
3	踏み越し下り　P65 ／ 両膝かけ後ろ回り下り　P74 ／ 膝かけ振り上がり　P34 ／ 転向下り　P64
2	逆上がり　P22 ／ 膝かけ振り　P32
1	よじ登り―とび下り　P20 ／ とび上がり　P10 ／ こうもり　P18

5

目次

◇まえがき　　　　　　　　　　　　　　　　　　　　　　　　　　　　　　　　　1

◇鉄棒の授業づくり10のコツ　　　　　　　　　　　　　　　　　　　　　　　2・3

◇鉄棒の系統樹　　　　　　　　　　　　　　　　　　　　　　　　　　　　　4・5

Ⅰ. 基礎感覚を養う運動

- ■とび上がり，つばめ，自転車こぎ　[支える]　　　　　　　　　　　　　　10
- ■両手でのぶらさがり・足打ち，なまけもの　[ぶらさがる]　　　　　　　　11
- ■腕曲げ持久懸垂（ダンゴ虫）　[ぶらさがる]　　　　　　　　　　　　　　12
- ■ダンゴ虫リレー　[ぶらさがる]　　　　　　　　　　　　　　　　　　　　13
- ■前回り下り　[下りる]　　　　　　　　　　　　　　　　　　　　　　　　14
- ■連続前回り下り　[下りる]　　　　　　　　　　　　　　　　　　　　　　15
- ■ふとんほし　[ぶらさがる]　　　　　　　　　　　　　　　　　　　　　　16
- ■足抜き回り　[回る]　　　　　　　　　　　　　　　　　　　　　　　　　17
- ■こうもり　[ぶらさがる]　　　　　　　　　　　　　　　　　　　　　　　18
- ■こうもりジャンケン　[ぶらさがる]　　　　　　　　　　　　　　　　　　19
- ■よじ登り－とび下り　[下りる]　　　　　　　　　　　　　　　　　　　　20

Ⅱ. 上がる運動

1. 逆上がり ──────────────────────────── 22
- ■逆上がりの流れとポイント　　　　　　　　　　　　　　　　　　　　　　22
- ■ジャングルジム，登り棒　　　　　　　　　　　　　　　　　　　　　　　26
- ■お手伝い逆上がり（補助）　　　　　　　　　　　　　　　　　　　　　　27
- ■補助用具　　　　　　　　　　　　　　　　　　　　　　　　　　　　　　28
- ■10秒間逆上がり　　　　　　　　　　　　　　　　　　　　　　　　　　　30
- ■高さ逆上がり　　　　　　　　　　　　　　　　　　　　　　　　　　　　31

2. 膝かけ振り上がり ──────────────────────── 32
- ■膝かけ振り　　　　　　　　　　　　　　　　　　　　　　　　　　　　　32
- ■膝かけ振り上がり（前・後ろ）　　　　　　　　　　　　　　　　　　　　34
- ■振り膝かけ上がり　　　　　　　　　　　　　　　　　　　　　　　　　　36

III. 回る運動

1. だるま回り ──────────────────────────── 38
   - ■ だるま回り（抱え込み回り） ──────────── 38
   - ■ いろいろなだるま回り ────────────────── 42
   - ■ だるま後ろ回り ────────────────────── 44
2. 後方膝かけ回転 ──────────────────────── 46
   - ■ 後方両膝かけ回転 ──────────────────── 49
   - ■ 後方腿かけ回転 ────────────────────── 49
3. 前方膝かけ回転 ──────────────────────── 50
   - ■ 前方両膝かけ回転 ──────────────────── 51
4. 後方支持回転 ────────────────────────── 52
   - ■ 回転途中から膝を曲げた後方支持回転 ─── 52
   - ■ 回転後半も足を伸ばした後方支持回転 ─── 52
   - ■ 後方浮き支持回転（ともえ） ─────────── 56
5. 前方支持回転 ────────────────────────── 58
6. 側方支持回転 ────────────────────────── 62

IV. 下りる運動

1. 転向下り ──────────────────────────── 64
2. 踏み越し下り ──────────────────────── 65
3. こうもり振り下り（両膝かけ振動下り） ─── 66
   - ■ 1回振り下り ──────────────────────── 68
4. グライダー（飛行機とび） ──────────── 70
   - ■ 足裏支持棒下振り出し下り ─────────── 72
5. 両膝かけ後ろ回り下り ────────────────── 74

V. 技の組み合わせ・連続技

1. 回る運動の組み合わせ ────────────────── 76
2. 上がる・回る・下りる運動の組み合わせ ─── 78

Ⅰ. 基礎感覚を養う運動

基礎感覚を養う運動
とび上がり，つばめ，自転車こぎ　[支える]

低

　腰を鉄棒につけた腕支持の姿勢が「つばめ」である。その姿勢で，自転車をこぐように足を動かすことを「自転車こぎ」と呼んでいる。いずれも支持感覚や支持力を高める運動である。

■とび上がり■

鉄棒の高さは胸の高さ

肩幅で握り，とび上がる

■つばめ■

腰の位置で支える
腕を伸ばしてしっかり支える

■自転車こぎ■

活動のポイント

- 子どもの意識は，いっぱいこげるか挑戦することにある。教師の意図は長く支えられるようにすることである。
- 回数を増やしたり，10秒間で何回こげるか挑戦させる。

腕を曲げずに足でこぐ

つまずく動きと指導のポイント

●肘が曲がり，おへそより上の腹で体を支えようとする

肘に力を入れて伸ばす

腰骨の位置で支える

基礎感覚を養う運動
両手でのぶらさがり・足打ち，なまけもの　[ぶらさがる]

低

ぶらさがる運動は，身が軽く，体重に対して筋力がある低学年のうちに経験させておきたい運動である。

■ぶらさがり・足打ち■

腕を伸ばしてぶらさがる　膝を曲げて胸につけるように 　　　　　　　足を打つ

活動のポイント　・足を打つ回数を2回，3回と増やして挑戦させる。

■なまけもの■

腕を伸ばして　　　　　　　　　　　　片足ずつ鉄棒に足をかける

活動のポイント　・ぶらさがる時間を5秒，10秒と少しずつ延ばしていく。

つまずく動きと指導のポイント

●膝を引きつけられない　➡　膝を持ってお腹に力を入れる感じをつかませる。

●お尻が上がらない　➡　お尻を持ち上げ，鉄棒に足をかけるのを助ける。

11

基礎感覚を養う運動
腕曲げ持久懸垂（ダンゴ虫）[ぶらさがる]

低・中

腕と膝を曲げて鉄棒にぶらさがる運動が「ダンゴ虫」である。腕やお腹，背中への力の入れ方を理解・実感させるのに最適な運動であり，逆上がりにも関連した運動である。

鉄棒は逆手で握る。肩幅で

腕を曲げてぶらさがる

膝を胸につける

運動と活動のポイント

・順手より逆手の方が腕を曲げやすく，力が入りやすい。
・顎を鉄棒より前に出すが，鉄棒に乗せて体重がかかってしまうと苦しくなるので「顎でぶらさがらない」という約束をしておく。
・見ている子に「ダンゴ虫，ダンゴ虫……」と声をかけさせる。ゆっくり言うと，2秒で1回のペースになる。5回（10秒）を目標にさせる。

2人で競争

前回りからぶらさがる

・2人でどちらが長くできるか競争したりして，長く頑張らせる(写真左)。
・発展として，前回りから足を地面につけずにダンゴ虫の姿勢になることを課題にする（写真右）。逆上がりの運動経過と逆であるが，ゆっくりと行わせることで体への力の入れ方がわかる。

つまずく動きと指導のポイント

●腕が伸びてしまい，体を引き上げられない

最初のうちは，力の入れ方がわからずに腕が伸びてしまう子がいる。教師や仲間が膝を胸につけるように持ち上げてあげ，少しずつ力の入れ方を覚えさせる。

基礎感覚を養う運動

ダンゴ虫リレー　[ぶらさがる]

低

　ダンゴ虫リレーは4〜5人1組となり，リレー形式でできるだけ長く続けることを競うゲームである。勝つために1人1人が全力を出そうとする。

1番目の子が始める

頭までさがったり，下りたら交替

長く続いたチームの勝ち

行い方とポイント

①1グループ4〜5人の偶数グループを作る。
②2チーム対抗戦。
③グループのなかで順番を決める。
③最初の2人が合図でダンゴ虫を始める(写真左)。
④肘が伸び，頭が鉄棒の位置までさがったり，足が地面に着いたら次の子に交替する(写真中)。
⑤最後の1人まで続け，長く続いたグループの勝ち(写真右)。
・グループ対抗でなく，2人でどちらが長く続けられるか競ってもよい。
・時間を計り，各チームが何分できたか教えてあげると，次のリレーの励みになる。また，合計の分数を出してあげるとクラスの伸びが実感できる。
・全グループの対戦にしてもよいし，2チームの中で順番を決め個人対抗戦にして，勝った人数の多いグループの勝ちとする方法もある。

| 基礎感覚を養う運動 | 低 |

前回り下り　[下りる]

前回り下りは，回転感覚を身につける最初の技である。繰り返し行うことで，回転感覚が高まる。

腕で支える　　　ゆっくり前に回転　　　逆さの姿勢　　　手でぶらさがる　　　着地

運動と活動のポイント

・鉄棒を固く握るのでなく，回転しながら手首を動かし，逆さになった姿勢のときに鉄棒を握り直す。

つまずく動きと指導のポイント

●前方への回転を怖がる

　➡　慣れてない子のなかには，前に体を倒すのを怖がる子もいる。腿と背中を支えて回転に慣れさせる。

●肘と足を伸ばしてバタンと下りる

　➡　逆さになった姿勢で肘と膝を曲げるよう説明したり，補助をしてゆっくり回らせ，感覚をつかませる。

●回りながら手を持ち替える

➡　回転して逆さの姿勢になるときに，手の握りを持ち替えることがある(順手から逆手)。立った姿勢で鉄棒を握って手首を前に回す動作を教えたり，補助したりしながら指導する。

基礎感覚を養う運動

連続前回り下り　[下りる]

低

前回り下りができるようになったら，連続して回転させる。それにより前方への回転感覚をより高めることができる。

腕で支えて　　　　　　回る　　　　　　下りたらすぐにとび上がる　　　　続けて回転

運動と活動のポイント

・慣れてきたら回転感覚を高めるために，2回連続，3回連続と回数を増やす。慣れていない子は目が回ることもあるので，回数は少しずつ増やす。
・3回程度回っても大丈夫ならば，10秒間前回りを行う。これは，10秒間に何回回れるかに挑戦させる活動である。4回以上回れると回転感覚が高まってきているとみることができる。
・技能の定着のためにリレーをしてもよい。4人1グループになり，1人3回×4人の計12回をできるだけ速く行うものである。全員座ったときに50秒以内を目標にさせる（写真下）。

1番目の子が前回り　終わったら次の子が回る　後ろの子は回数を数える　全員座ったら終了

・連続回数が多い子は，着地が次の準備の姿勢になっている。上体を乗り出し，腰を鉄棒から離さないように回ると回転の勢いがつく。こうした点を観察させる（写真左）。

基礎感覚を養う運動

ふとんほし　[ぶらさがる]

低・中

前回りの途中で、腰で鉄棒にぶらさがった状態を「ふとんほし」という。この運動で、逆さ感覚を身につけることができる。また、この姿勢は、だるま回りや逆上がり、後方支持回転の運動経過にも出てくる。

腕支持

上体をゆっくり前に倒す

腰で引っかけ、力を抜く

運動と活動のポイント

・鉄棒にぶらさがるのはおへその位置ではなく、腰骨(足のつけ根)の位置である。
・体の力を抜き、膝を曲げて胸につけるようにしてぶらさがる。膝を曲げることで鉄棒が腰骨の位置に固定される。つま先を上に向けないようにする。

・最初の段階は、両手で鉄棒を握った姿勢で5～10秒程度ぶらさがり、前回り下りで下りる。
・次の段階として、片手で鉄棒を握った姿勢をとる。「自分の名前や絵を描く」という課題を提示すると楽しみながらできる(写真左)。
・最終的には、両手を離すことを目標にする。「10回手をたたいてみよう」という課題提示などがよい（写真右）。

つまずく動きと指導のポイント

●おへその位置で支えようとする
　➡ 体に力が入り痛い

力を抜いて、腰骨の位置でぶらさがる
膝を曲げる

●膝が伸びる
　➡ 膝を軽く曲げないと落下の危険がある

基礎感覚を養う運動
足抜き回り　[回る]

低

後方への回転感覚を身につけられる運動である。逆上がりや，後方支持回転などにもつながる運動である。

　　用意　　　　　　後ろに回る　　　　　下りて　　　　　お尻を上げて　　　　もとに戻る

運動と活動のポイント

・鉄棒の高さは胸程度が適当である。最初は腕を伸ばし，鉄棒にぶらさがった姿勢から回転を開始すると，足を鉄棒にかけやすいので回りやすくなる（下写真左・中）。
・前方に回って戻るときには，膝を曲げて地面を蹴り，お尻を上げて膝を胸につけるようにすると回転しやすい（下写真右）。
・技能が高まり慣れてきたら，鉄棒に足をかけずに連続して回転することを目標にさせる。
・技能の定着を図るには，10秒間に何回できるか挑戦させたり，一定回数を競争させたりするとよい。

　　片足をかける　　　　　　　　　回り始める　　　　　　　　膝を胸につけるようにする

つまずく動きと指導のポイント

●前方への回転ができない
　　踵を上げようとする

前方への回転をする際に，踵を上げようとすると回転できない。
前方への回転ができない子には，教師や仲間がすねと背中を持って補助して，回転を助ける。また，「お腹を見ること」「膝を胸につけること」を指導する。

基礎感覚を養う運動

こうもり　[ぶらさがる]

低

両膝裏を鉄棒にかけ，鉄棒にぶらさがった状態を「こうもり」という。この運動は，逆さ感覚を身につけられるだけでなく，こうもり振り下りの初期の段階につながる。

腕を伸ばしてお尻を上げる　　　　　　　　　　鉄棒に膝裏をかける　　　力を抜いてぶらさがる

運動と活動のポイント

- 鉄棒の高さは，手をついて下りられる顎の高さ程度がよい。
- 最初は片手を離し，次にもう一方の手をゆっくり離す。腰を伸ばし，脱力した状態でぶらさがる。腰を曲げてお尻が出ると，足が抜けやすく危険である。
- 下りるときには鉄棒より前に両手をつき，手でしっかり支えて両足をポンと離して下りる。また，膝を曲げ足裏で下りる。
- 慣れてきたら手を打ったり，地面に絵や文字を描いたりする（写真左）。
- 足のかけ方は，背中を鉄棒に向けた姿勢からでもよい（写真右）。親指が下にくるようにして握る。下り方も，同じように鉄棒を握って足を離してもよい。

つまずく動きと指導のポイント

●怖くて手を鉄棒から離せない
→ 教師や仲間が膝を押さえ，安心感を持たせ，ゆっくり手を離させる。

●お尻を突き出す
→ お尻を出すと，膝が十分かからず，落下の危険性がある。膝を押さえながら，お尻をまっすぐにさせる。

基礎感覚を養う運動

こうもりジャンケン [ぶらさがる] ゲーム化して基礎感覚，技能の定着を図る　　低

　こうもりジャンケンは4～5人1組となり，他の組の子と2人が一定時間（例10秒）ジャンケンをするゲームである。勝った人数の多いグループの勝ちとなる。

最初の子がぶらさがる

10秒間ジャンケン
勝った数が多い方がポイント

下りるときは，鉄棒より前に両手をついて次の子と交替する

行い方とポイント

①1グループ4～5人の偶数グループを作る。
②2チーム対抗戦。
③最初の2人がこうもりの姿勢になり，合図で10秒間ジャンケンをする。
④勝った回数が多い子は帽子の色を変える。これで1ポイントになる。
⑤それぞれ次の子と交替して，同じようにジャンケンをする。
⑥グループの人数分行い，ポイントの多いチームの勝ちとなる。
・グループ対抗でなく，2人組になり，10秒程度でどちらが多く勝てるかという活動でもよい。
・両手を離したジャンケンができない子は，片手で鉄棒を握り，もう一方の手でジャンケンをする。教師が補助しながら徐々に両手を離すようにさせていく。
・ふとんほしの姿勢でも，同じ方法で「ふとんほしジャンケン」が行える。

| 基礎感覚を養う運動 |

よじ登り－とび下り　[下りる]

低

横の支柱をつかんで，鉄棒の上によじ登り，バランスをとってから地面にとび下りる運動である。鉄棒の上でバランスをとったり，高いところからとび下りることは冒険心をくすぐる。

支柱側の足裏を鉄棒に乗せる　　上に立って　　とび下りる　　膝を曲げて着地

運動と活動のポイント

・鉄棒の高さは，徐々に高くしていく。最初は胸の高さ程度がよい。
・後ろに下りるのは危険なので，必ず前に下りることを指導する。また，待っている子は少し離れた位置で待つことを指導する。
・慣れてきたら鉄棒の上で手をたたいたり，手を振ったりしてバランスをとる時間を長くさせる。

・横の支柱がない場合は，肋木でもよい（写真左）。
・登るときには，支柱に近い側の足の裏を鉄棒に乗せ，手で支柱を握って登る（写真右）。

つまずく動きと指導のポイント

●うまく登れない，手を支柱から離せない

→ 教師が補助して登り方を確かめながら登らせる。支柱から手が離せない場合は，その場からとび下りさせたり，教師が後ろから腰を持ってあげる。

20

II. 上がる運動

上がる運動1 逆上がり
逆上がりの流れとポイント

低・中

運動のポイント

■腕を曲げ，体の引き上げと後方への回転を中心にした逆上がり■

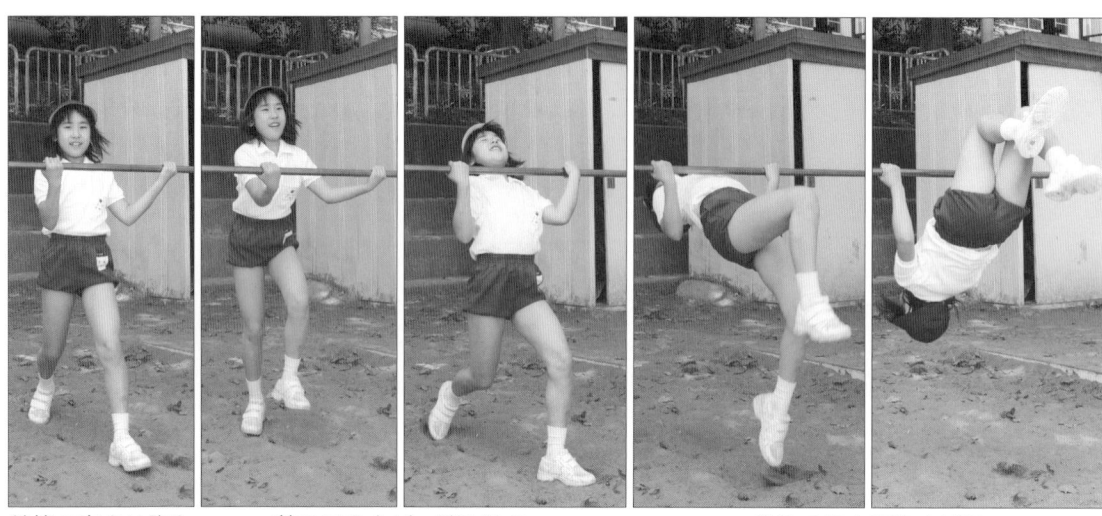

鉄棒の高さは胸から肩程度
足を前後に開く
前の足は鉄棒の下くらい

前の足を上げ，踏み込む

後ろの足を振り上げる

■腰を鉄棒の近くにつけ，回転軸をなるべく動かさず，足の後方への振り上げで回転する逆上がり■

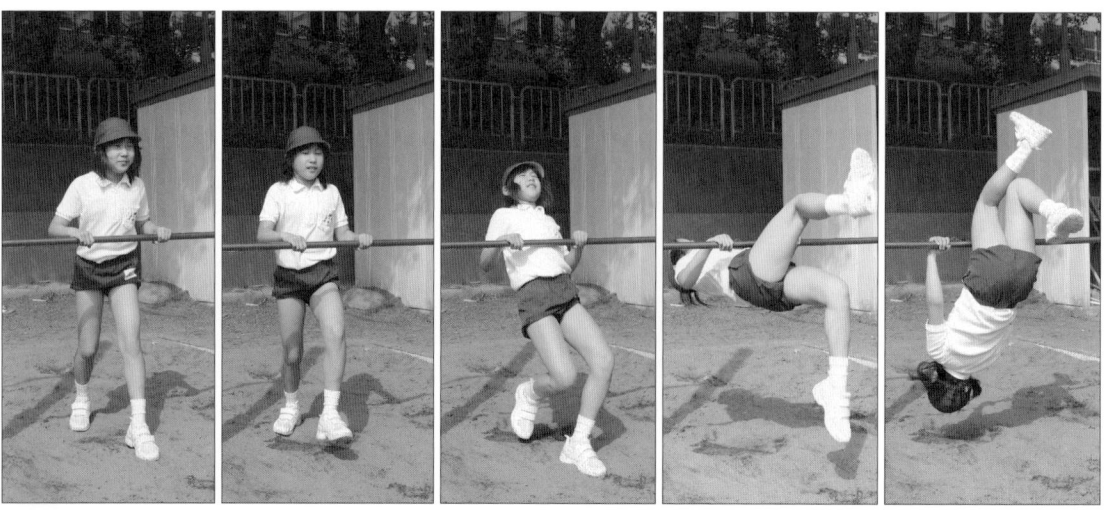

鉄棒の高さはおへその少し上。手は順手

前の足を上げて踏み込む

肩を後ろに倒しながら
足のつけ根を鉄棒に近づける

鉄棒に上がる代表的な運動が逆上がりである。さまざまな方向への回転感覚を高める運動を取り上げることで，つまずく子は少なくなる。

　鉄棒の握り方は逆手，順手のどちらでもよいが，胸以上の高さの場合は逆手の方が力が入りやすい。お腹程度の高さでの逆上がりは後方支持回転につながる。

腰を鉄棒に近づける　　　手首を返しながら起き上がる　　　しっかりとした腕支持
　　　　　　　　　　　曲げていた手を伸ばしながら

足が引っかかったら　　　起き上がりながら肘を伸ばす　　　腕支持の姿勢になる
そのまま回る

つまずく動き

●立ち位置が鉄棒から離れすぎている

●踏み込みが鉄棒の前に
いきすぎ，後ろの足の振り上げがうまくいかない

指導のポイント

「いーち（足前後）・にーの（足前後）」（2回繰り返す）　　「さん（足前）」で　　足を振り上げる

・予備動作でリズムをつくり，踏み切り位置を意識させる。
・「1・2の3」や「ギーコ・ギーコ・ソレ」などの言葉を周りの仲間もかけていく。

・鉄棒の下にラインを引いたり，ゴムベースなどを置いたりして目印にする。
・前足で目印を蹴って後ろ足を振り上げさせる。

●腕が伸びてしまう
●顎を上げたため，体が反ってしまう

●回転後半の起き
　上がりで，顎を反らして起き上がれない

ダンゴ虫で肘を曲げる　　　ふとんほしから起き上がる　　顎を反らさないように

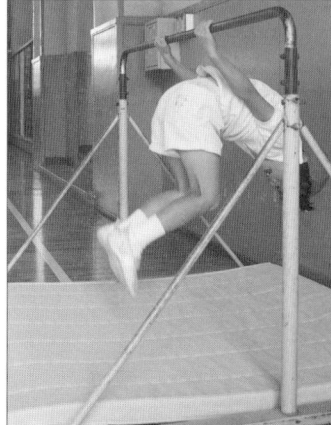

足抜き回りで回転感覚を高める

- ふとんほしからの起き上がりは，逆上がりの最後の起き上がり場面と同じである。
- 顎を上げると体が反り，起き上がれない。最初はゆっくりと起き上がるようにさせる。
- 前回りの途中から起き上がってくることも，逆上がりの回転後半の体の引き上げと同じ経過になる。

上がる運動1 逆上がり

ジャングルジム，登り棒

低

鉄棒を使わなくても，逆上がりに関連する逆さ感覚や後方への回転感覚を育てたり，運動経過の経験を味わわせることができる。

運動のポイント

■ジャングルジムを使った運動■

誰もが逆上がりの動きを味わえる方法に，ジャングルジムを利用した回転がある。

- 横棒を握り，前の棒に足をのせて1歩ずつ歩くように足を動かして逆上がりの運動経過を経験する。
- 急がず，ゆっくりと逆さになっていく動きを確かめながら行わせる。
- 慣れてくれば，横棒に1回だけ足を乗せるだけで逆さの姿勢になることができる。

■登り棒を使った運動■

登り棒を使うと，逆上がりの踏み込み，後方への回転と同じ動きを経験できる。鉄棒の足抜き回りよりも容易である。

- 登り棒を肩から目の高さで握り，1・2の3のリズムで前足で地面を蹴って回転する。鉄棒と違って，横の棒がないので，後方への回転が簡単にできる。
- 回転力不足で足が上がらないような場合には，棒に足をかけることでできる（写真右）。
- 登り綱でも同様の経験ができる。

26

上がる運動1 逆上がり

お手伝い逆上がり（補助）

仲間が手伝うことで，かかわりの深まりが期待できる。また，用具を使用しないので授業ですぐに行える方法である。

運動のポイント

- 後方への回転なので，補助者は，実施者の前に立つ（鉄棒の手前）。
- 腿と腰を支えて持ち上げる。手伝う仲間に「軽くなったら上手になった証拠」と教えておく。
- 軽くなった場合は教師に伝えるよう話しておく。

- 回転がスムーズになってきたら1人で手伝う。
- 1回だけでなく，続けて2回，3回と回転する回数を増やしていく。

- 補助者が実施者と背中合わせになって鉄棒を握り，自分の背中を使って補助する方法もある。

上がる運動1 逆上がり
補助用具

低・中

> 指導のポイント

■傾斜を利用した逆上がり■

- とび箱と踏切板を利用して、踏み切り位置に傾斜をつくると腰が鉄棒に近づきやすくなり、逆上がりができやすくなる。
- 傾斜の角度が大きいほど容易になるので、とび箱2段程度から始めてもよい。鉄棒の握り方は順手でもよいが、逆手の方が上腕に力が入りやすい。

■踏切板だけの逆上がり■

 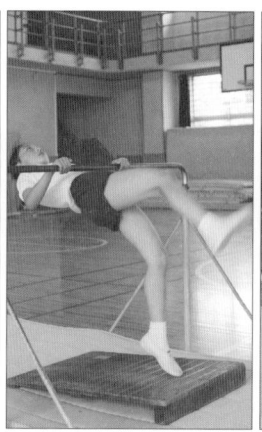 

- とび箱1段でもできるようならば、踏切板だけの逆上がりを行わせる。
- 何度かできるようになったら、踏切板を外して挑戦させる。

■手ぬぐい・タオルを使った逆上がり■

- 2本の和手ぬぐいをそれぞれ1/4の幅に折り、それを結んで長くし、片方の端を鉄棒に結ぶ。実施者は腰に手ぬぐいを回し、補助者は回転に合わせて引っぱる。
- 補助者は、実施者の腰が鉄棒についたら手ぬぐいを離す。
- 鉄棒の高さは、腰が鉄棒にすぐに近づくへその位置程度がよい。
- 逆手では、腰を曲げて屈まなくてはならないので、順手で行う。

補助用具を利用した方法でも自分でできるようになることは，子どもにとって嬉しいし，達成感がある。なかでも，手ぬぐいを使った逆上がりは準備が簡単である。逆上がりが最後までできず失敗する経験の繰り返しは，嫌になるし，マイナスのイメージが定着してしまう。そうしたことを防ぐためにも補助用具を有効に活用したい。

■移動用鉄棒と壁面を利用した「トン・トン逆上がり」■

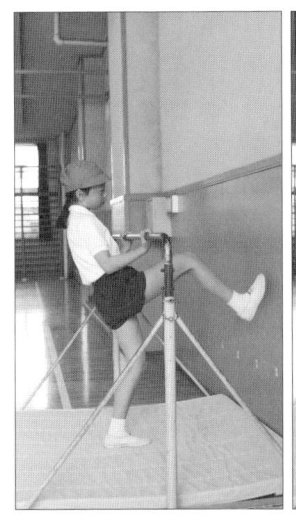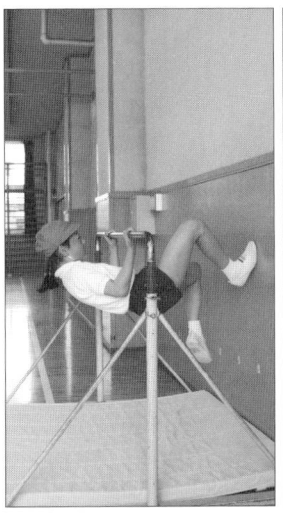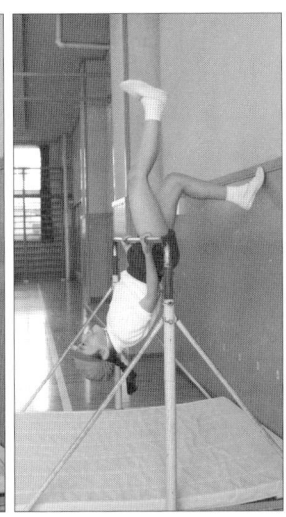

- 前頁に，とび箱と踏切板を利用して踏み切り位置に傾斜をつくる工夫をあげたが，その角度が大きくなると垂直になる。踏切板を垂直に立てた状態と同じである。
- 移動用鉄棒を壁の前に置き，壁面を蹴って上がりながら逆上がりを行う方法が「トン・トン逆上がり」である。「トン・トン」と壁を上がっていくので，こう呼んでいる。
- 壁を蹴る回数が2回なら「トン・トン逆上がり」，1回なら「トン逆上がり」である。壁を蹴る回数が少なくなれば，自分で逆上がりができる感覚が育ってきていると判断される。
- 1年生でも取り組める逆上がりであり，移動可能な鉄棒があればぜひ取り組んでほしい方法である。
- 何度も壁を蹴ると鉄棒が動くので，仲間が鉄棒を持って壁に押しつけておくとよい。

■「トン逆上がり」から「トンなし逆上がり」■

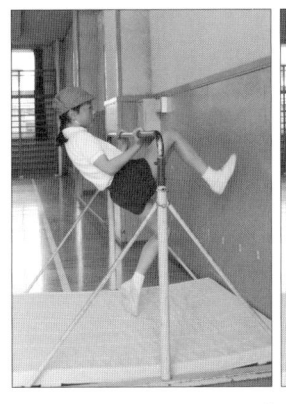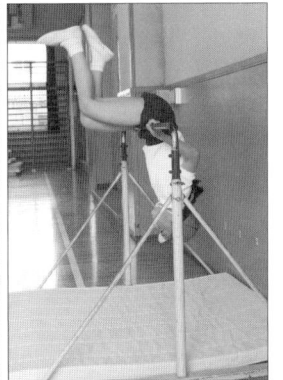

- 1回壁を蹴るだけの「トン逆上がり」ができるようになったら，「トンなし逆上がり」に挑戦させる。これは通常の逆上がりである（写真右）。
- 挑戦させるめやすは，壁を蹴る位置である。鉄棒より高いところで蹴っていれば，ほぼできる状態になっている。壁にテープを貼るなどして目標をはっきりさせるとよい。

上がる運動1 逆上がり

10秒間逆上がり

低・中

逆上がりの技能の力試しや定着として取り上げるとよい。短時間で行えるので，継続して行う。

運動のポイント

並んで逆上がり

用意の姿勢

補助

・足の位置や握り方等がしっかりした「用意」の姿勢をとらせる（写真右上）。
・回数は「足が地面に着いたら1回」と約束しておき，待っている仲間が数える。
・目標として，「1回で1年生」「2回で2年生」……「6回で6年生」ということを伝えておくと挑戦意欲を持たせられる。
・補助で3回以上回れるようになれば，回転感覚が身につき，自分でできる力がついてきたと考えてよい。

・回数が多い子は順手で鉄棒を握り，胸の高さ以下で行うことが多い。これは，逆手で胸以上の高い鉄棒では腕での引き上げ動作が必要であり，「順手・胸以下」の方が，回転の勢いをつけやすいからであろう（写真左）。
・最も重要なことは，着地した「終わりの姿勢」が回転の開始の姿勢になることである（写真右）。

上がる運動1　逆上がり

高さ逆上がり

中・高

　低鉄棒では後方への回転感覚が重要であるが，鉄棒の高さが高くなるにしたがって，上体の力の使い方が重要になる。

運動のポイント

- 最初は胸の高さから行い，徐々に高い鉄棒に挑戦させる。
- 「胸」「顎から目」「頭」「肘を伸ばして」「とびついて・ぶらさがって」など，段階的に扱うとよい。
- 補助でもよいことを伝え，自分でできたら◎，補助ならば○という約束をしておくとよい。
- 2人1組になって，最初の高さを2人ができたら次の高さに挑戦していく方法や，一定時間（40人で4分など）で「全員が，手伝い（補助）でもクリアできるか」という課題にクラス全員で取り組み，集団的達成感をねらう方法などがある。

- 高い鉄棒には，とびついた勢いで腕を曲げると上がりやすくなる。
- 最も難しいのは，ぶらさがって肘を伸ばした状態からの逆上がりである。

上がる運動2 膝かけ振り上がり
膝かけ振り

低・中

運動のポイント

膝がかけやすい，おへそより少し高い鉄棒

真下では両手で鉄棒にぶらさがる

肘を曲げながら足を振り，上体を前方に振っていく

早めに鉄棒を押して（肘を伸ばして），回転を大きくする。膝を伸ばして足を振る

つまずく動きと指導のポイント

● 常に腕を曲げ，背中を丸めて鉄棒を引っぱろうとする

振りを大きくするために，後方に振り出す前に腕を曲げることがあるが，それは振りのなかでの一時的なものである。

➡ 背中と肘を持ち，補助しながら感覚をつかませる。

● 顎が大きく開く

顎が大きく開くと，脱力してしまい，振るために必要な上体の緊張がなくなってしまう。

➡ 「鉄棒を見ながら振ってみよう」と指示して取り組ませる。

膝かけ振りは，鉄棒に片膝をかけて振る運動であり，足の振りや腕の曲げ伸ばしを使って勢いをつける方法が学べる。慣れたらすぐに膝かけ振り上がりに移ってよい。
　鉄棒に膝をかけて振る運動では，つまずいている子ほど膝裏に痛みがある。回転補助具を利用し，痛みがないようにしたい。

肩も大きく回す　　　　　　　肩の動きが大きくなる　　　　　　再度前方へ振り始める
足も振る

●鉄棒から振り足が離れる
　振りを大きくしようとして足が鉄棒から離れたり，前方へ振るときの足を鉄棒から離すタイミングが悪い。
　➡　膝裏が痛くなるので，鉄棒から振り足を離さないよう，腿を持ち補助する。

●振り足の膝が曲がる
　➡　膝を伸ばすことを意識させる。

上がる運動2 膝かけ振り上がり

膝かけ振り上がり（前・後ろ）

低・中

> **運動のポイント**

■前方への膝かけ振り上がり■

ぶらさがって，足を振り始める　　　　　　　　　肩を大きく開いていく

■後方への膝かけ振り上がり■

ぶらさがって，足を振り始める　　伸ばした足を後方　　反対に足を前方に
　　　　　　　　　　　　　　　　へ蹴るように　　　　振り上げ

○前方への膝かけ振り上がりの補助
・実施者の横で，鉄棒にかけていない振り足を持ち上げる。

膝かけ振り上がりは，膝かけ回転の基礎となる運動であり，鉄棒に膝さえかければできるので，高い鉄棒に上がる方法としては逆上がりより容易な運動である。

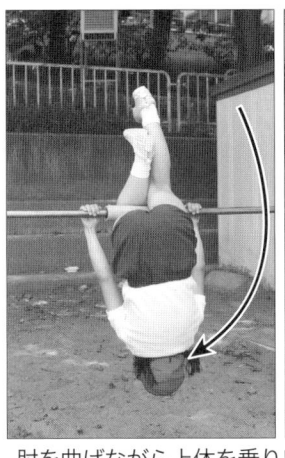

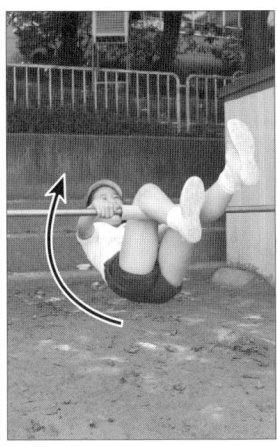

肘を曲げながら上体を乗り出すように腕で引き寄せる　　　　手首を返して鉄棒を押しながら起き上がる

肘を曲げ，胸を膝につけるように　　　　手首を返して鉄棒を押しながら起き上がる

○後方への膝かけ振り上がりの補助
・実施者の側（鉄棒の手前）で肩を持ち上げる。

上がる運動2 膝かけ振り上がり

振り膝かけ上がり

高

　振り膝かけ上がりは，肩の動きと足の動きを使って体を振動させながら，片足を鉄棒にかけて前方に上がる運動である。大きく開いた肩角度（体幹と上腕がつくる角度）を足の振り込みに合わせて狭くしていくことで，起き上がることができる。

運動のポイント

ぶらさがる（初めは歩いて前に体を出してもよい）

肩と胸を反らし（肩角度を大きく開く），手首を深く折り曲げて鉄棒を握る

肩と胸を反らした反動を利用して，足を一気に鉄棒に近づける

振れ戻りのタイミングに合わせて足を鉄棒にかける
鉄棒を下に押さえるようにして肩角度を狭める

一気に足を曲げ，踵をお尻につけるようにしながら，腕で体を鉄棒に引き寄せる

指先の握りから手のひらで握り直し，手首を返しながら起き上がる

Ⅲ. 回る運動

回る運動1 だるま回り

だるま回り（抱え込み回り）

低・中

運動のポイント

足の曲げ伸ばしで回転の
勢いをつける

肘で支え，背中を伸ばして
前を見る

腰を曲げながら足で
回転力をつける

つまずく動きと指導のポイント

●腕を鉄棒の上からかける

鉄棒の上から肘を曲げて引っかけると，回転途中で落下してしまう。

➡ 腕は必ず鉄棒の下から。

●肘が鉄棒につかず，脇が開いてしまう

脇の開きは，前後と左右がある。脇が開いた状態で回転すると写真のように，鉄棒を脇ではさんだようになる。

➡ 脇をしめ，肘を鉄棒につけるよう指導する。

前方への回転運動の中で，一番容易に1人でできるようになるのがだるま回りである。肘で回転軸が固定されいることと，補助により回転できることがその理由である。

肘で支えることによる痛みの低減のために，膝かけ同様，補助具を活用するとよい。

お腹で鉄棒にぶらさがる　　膝を曲げ腿を引き寄せながら上体を回転させる　　足を伸ばし鉄棒を肘で支えながら起き上がる

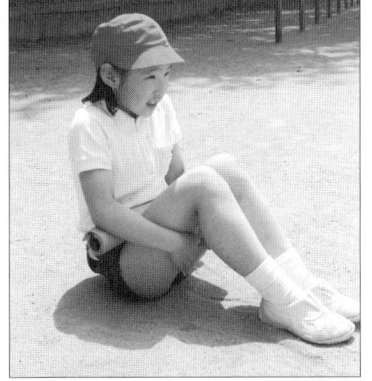

● **基本姿勢がとれない**
⇒ 最初は地面に座り，体側にしっかり腕がつくようにさせる。
次に，片手や補助具をはさんでもう一度確かめる。

● **鉄棒にぶらさがると基本姿勢を忘れてしまう**
⇒ 地面に座って確かめても，鉄棒にぶらさがるとわからなくなる子もいる。ふとんほしの姿勢から鉄棒にぶらさがり，振る前に次の点を確かめる。
①鉄棒に肘をつける
②脇をしめる
③腿をしっかり抱える

つまずく動き

●回転を始める前に膝を曲げて背中を丸める

●足を振ろうとはするが，曲げ伸ばしのタイミングが逆になり，勢いがつかない

指導のポイント

●「ブランコ」が重要

　回転の勢いをつけるには，足の曲げ伸ばしによる「ブランコ」の動きが重要になる。まず足を伸ばすことを意識させる。それから「伸ばして，曲げる」リズムをつかませる。曲げたままの子には，教師が足を持って伸ばしてあげるとよい。頭が鉄棒の下にきたときに膝を曲げることを仲間に観察させる。

●仲間の補助による回転

　振る感覚が身についた段階で，仲間が補助して回転を助ける。実施者と同じ側に立ち，背中を持ち上げる。必ずゆっくり持ち上げさせる。最初は2人の補助で（写真左），慣れてきたら1人で行ってみる（写真右）。

学習の順序としては，次のようになる。
①ふとんほしからだるまの姿勢になる，②だるまの姿勢でブランコをする，③仲間の補助で回る，④自分で回転する

●回転の途中で腿から手を離す
　写真のような肘で支える場面で手を離すと落下する

●押してもらえば回転できるが，
　1回目が自分1人では回れない

●回転の最後は前回り下り

　だるま回りで危険な場面は「下り方」である。「補助での回転」「ようやく1回回れた」「何回も回った」などの状態が危ない。「回転途中では絶対に手を離さない」「だるま回りの最後は前回り」ということを指導する。だるま回りの指導の際は，10秒間前回りや1人3回の前回りリレーなどを授業の最初に継続して取り上げる。

●遠くを見て回る（顎の上げ下げ）
　回転の始動は背中を伸ばし遠くを見て回る。回転半径をできるだけ大きくすることで回転の勢いがつく。

●とびついて回る
　走ってとびつき，回転することで勢いがつく。

41

回る運動1 だるま回り
いろいろなだるま回り

中・高

■足の抱え方のパターン■

| 両足の抱え | 片足の抱え | 手を交差した抱え | 片手で鉄棒を握る |

つまずく動きと指導のポイント

●片足を持ったときに、体が傾く（写真左）
　➡ 回転がスムーズでなくなったり、バランスがとりにくくなったりする。肩が傾かないように姿勢をとる（写真右）。

●どちらか一方の足しか抱えられない
　➡ 片方の足を抱えた回転ができるようになったら反対側の足にも挑戦させる。
　　安全に行うために、最初は持った姿勢から。

いろいろなだるま回りは，いずれも回転の軸がしっかりしていることがポイントになる。また，連続させる場合は「前―右片足―バッテン―左片足―前」「前―右片足―前―左片足―前」などが安全に行える動きである（「前」とは，だるま前回りのこと）。

■いろいろな回り方■
○片足だるま（片足を抱えただるま回り）

○バッテンだるま（手を交差しただるま回り）

○片手だるま（片手で鉄棒を握り，もう一方の手は足を抱えて回るだるま回り）

43

回る運動1 だるま回り
だるま後ろ回り

中・高

運動のポイント

ぶらさがった状態から足を振る　　　　　肩を倒しながら膝を曲げる

つまずく動きと指導のポイント

●肘が伸びる
　⇒ 肘が伸びてしまうと，回転ができないだけでなく，手が離れやすくなる。しっかりした脇のしめで肘を曲げる。

●膝を曲げるタイミングが早い
　⇒ 上体が鉄棒の高さ程度になってから膝を曲げる。

だるま後ろ回りの足の動きは，前方へのだるま回りと反対になる。前回りと同様に腿をしっかり持ち，軸を固定することが大切である。

| 曲げた膝を伸ばす | 回転方向に蹴る | | 最初の姿勢に戻り回転の準備をする |

●足振り込みのタイミングが悪い
➡ 後方への回転は，前方の足振りを途中で止めたところから始まる。伸ばした足を曲げ，ポンと後方へ蹴り出す感じになる。

●自分で回れない
➡ 仲間2人が実施者の反対側に立ち，腿と背中を持ち上げる。必ずゆっくり持ち上げさせる。

45

回る運動 2 後方膝かけ回転

後方膝かけ回転

中・高

運動のポイント

予備振動  / 腰を浮かして膝かけ姿勢 空を見る / 肩を後方に倒す  / ぶらさがって鉄棒を軸に回転する

つまずく動きと指導のポイント

外向き / 正

● 肘が曲がり、かけた膝が外を向く
→ 回転開始の姿勢が悪い。肘が曲がり膝が外を向くと、腰が落ちやすくなったりスムーズな回転ができなくなったりする（写真左）。
肘を伸ばし、膝を正面に向けた姿勢から足を振る（写真右）。

引っかからず / 引っかけて

● 膝が鉄棒に引っかかる前に回る
→ 膝が鉄棒にかかる前に回ろうとすると、回転の軸がぶれうまく回転できない（写真左）。
右の写真のように「引っかかってから回る」ということを強調し、仲間にも観察、アドバイスさせる。

後方膝かけ回転は，後方への支持回転のなかで，補助による回転が容易で，自分で回ることもできやすい運動である。最初はおへそと胸の間程度の足をかけられる高さの鉄棒がよい。回転に慣れてきたら，左右の足でできるか挑戦させるとよい。左右でできることは両膝かけ後ろ回りにも有効である。

| 起き上がり | 胸を膝につけるようにする | 手で鉄棒を押しながら，曲げた肘を伸ばす | 最初の姿勢に戻る |

● 回転が始まった直後に腕が曲がり，腰が落ちる
　➡ 回転力を高めるには，膝を軸にした後方への倒れ込みがポイントになる。
　　「回るときは背中を伸ばす」
　　「空を見る」
　　ということを意識させる。

● 振り足が鉄棒から離れたまま回る
　➡ 足が鉄棒から最も離れるのは，回転を始める前の足を後ろに引いて勢いをつける場面である。その後は，足を鉄棒につけるように振ることで回転の勢いがつく。左の写真のように，ぶらさがった状態まで足が離れていると肩が回りにくくなり，回転が止まってしまう。

つまずく動きと指導のポイント

●起き上がるときにも腕が伸びたまま
➡ 起き上がりまで腕を伸ばしていると，回転半径が大きいままで起き上がりにくい（写真左）。
起き上がるときには「胸を足につける」と指導する（写真右）。
その結果，肘が曲がり，手首が回って，鉄棒を押すことができる。

○回転開始の動き

いーち（1）　　にーの（2の）　　さん（3）

・回転力の大きさに関連するのが「開始のしかた」である。
　①振り足を後ろから前に「いーち」
　②足を前から後ろに振りながら曲げた足を鉄棒にかける「にーの」
　③肩を倒しながら振り足を前に「さん！」
　このリズムで仲間が声をかけるとよい。

○膝かけ上がり

・回転後半の練習には膝かけ上がりが有効である。
　鉄棒を引っぱるようにして上がる動きを理解させる。
　最初は補助がついてよい。

○補助による回転

・補助者を2人→1人→なし，と変化させていく。

■[発展] 後方両膝かけ回転■

両膝を鉄棒にかける　肩を倒して大きく回転　ぶらさがる　膝を胸につけて起きる

- しっかりした後方への倒れ込みと起き上がりの姿勢がポイントになる。後方膝かけ回転と比べ、両足をかけているので予備動作ができないだけ難しい。
- 回転前半は膝がかかっているので心配ないが、回転不足だと回転後半に起き上がれず、落下の危険性がある。最初は必ず補助者がついて行うようにする（左写真）。

■[発展] 後方腿かけ回転■

振り足で勢いをつける　支点の腿をずらさない　ぶらさがる　腕を曲げ、手首を返して起き上がる　最初の姿勢に戻る

- 後方膝かけ回転と同様の感覚で回るが、腿が支点となるのでずれないようにできるかがポイントになる。
- 最初は補助者がついて行うとよい。

回る運動 3 前方膝かけ回転

前方膝かけ回転

中・高

運動のポイント

背中を伸ばす　　　膝裏で鉄棒をはさむ　　　体を前に乗り出し　　　遠くに体を投げ出すように膝で鉄棒をはさむ

つまずく動きと指導のポイント

●回転の勢いがつかない
⇒ 体の乗り出しがうまくいかず、回転の勢いがないと回れない。
できだけ回転半径を大きくするために回転の最初は「遠くを見て回る」ということを意識させる。

●順手より逆手
⇒ 鉄棒の握りは、順手（写真左）より逆手（写真右）の方が鉄棒を押せる。

前方膝かけ回転は，片膝をかけて前方に回転する運動である。体を前に乗り出して回転の勢いをつけることと，膝で鉄棒をはさむようにして支点がぶれないようにすることが大切である。また，回転後半は，肘を曲げて体を鉄棒に引き寄せながら，手で鉄棒を押すようにする。

| 逆さで起き上がりの用意 | 腕を曲げながら体を鉄棒に近づけ，足を振り下ろす | 手のひらで鉄棒を押し | 起き上がる |

■[発展] 前方両膝かけ回転■

| 鉄棒に腰かけて | しっかり膝をかけて | 前に乗り出す | ぶらさがる |

| 前半の勢いを保つ | 鉄棒を引っぱって体を近づけ | 手で押しながら起き上がる |

回る運動 4 後方支持回転

後方支持回転

中・高

> 運動のポイント

■回転途中から膝を曲げた後方支持回転■
・膝を曲げた後方支持回転は鉄棒に腰がかかるので比較的容易にできる。また，膝の曲げ伸ばしを使って連続回転を行うのに有利である。

| 足を振る予備動作から |  両手でしっかり体を支える |  鉄棒に腰を近づけながら |  腰を軸に回転を始める |

■回転後半も足を伸ばした後方支持回転■
・膝を伸ばした後方支持回転は回転力が高まった段階であり，次の後方浮き支持回転につながる。

| 足を振る予備動作から |  両手でしっかり体を支える |  鉄棒に腰を近づけながら |  手で鉄棒を押す |

腕立ての振動から足の振り下ろしの勢いを利用して、鉄棒に足を巻き込むようにして後方へ支持回転する運動が、後方支持回転である。最初は回転後半で足を曲げた方ができやすい。子どもたちは"下りない逆上がり"のイメージで「空中逆上がり」と呼んでいる。

ぎりぎりまで腕で支える お腹を離さず膝を曲げる	 腰に鉄棒をひっかける 脇をしめる	 腕で鉄棒を支える 手首を返しながら起き上がる	 腕立ての姿勢になる

ぎりぎりまで腕で支え	 お腹から鉄棒を離さない 脇をしめる	 腕で鉄棒を支える 手首を返しながら上体を起こす	 腕立ての姿勢になる

つまずく動きと指導のポイント

●腕支持ができず腰が落ちる
➡ 腕支持ができず，回転が始まると同時に腰が落ちてしまう。理由は以下の2点である。
①怖いという気持ちから肩の倒し込みがない。
②肩だけ回そうとしても，足の振り込みがない。

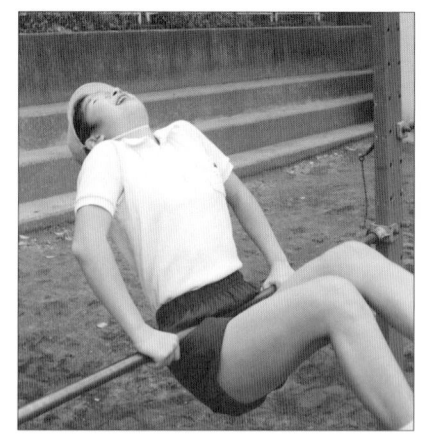

●膝曲げが早い
➡ 膝を曲げることも回転を助けることになる。
しかし，膝曲げが早すぎると，逆に回転が止まってしまう。

■関連する運動と指導のポイント■

●お腹程度の連続逆上がり
　後方への回転感覚を高めるには，逆上がりが最も有効である。順手で連続して行うことで，より回転感覚が高まる。肩の倒し込みも経験できる。補助でもよいので，一定時間で何回できるかを課題にして挑戦させる。

●後ろとび
　足を大きく振り，後ろに張ったゴムをとび越す。足振りでの勢いのつけ方を身につけることができる。ゴムをはる距離や高さを変えることで意欲を高めることができる。

●お腹が離れる
➡ 鉄棒にお腹がつく前に回転しようとして鉄棒からお腹が離れることがある。「お腹が鉄棒についてから回る」ことを強調し，意識させる。

●予備の振りが大きすぎる
➡ 「いーち・にーの・さん」のリズムで，振り下ろしの勢いを利用して回転するが，大きすぎると肩と足のタイミングが合わなくなることもある。振りは肩の高さ以下にする。

●だるま後ろ回り
　逆上がり同様，後方への回転感覚が高まる。

●足の振り込み動作を伴うだるま後ろ回り
　肘を支点として足を振り，後方への回転が始まると同時に腿を抱えて回る。支点が肘と手首の違いはあるが，振り込み動作と後方への回転がよく似た運動である。ただし，だるま後ろ回りができていることが前提となる。

■関連する運動と指導のポイント■

●補助により回転を覚える
・補助者がついて，足と背中を支えてあげる。

■[発展] 後方浮き支持回転（ともえ）■

| 足を振り | 両手でしっかりと支える | 肩を後ろに倒しながら足を振り込む |

●補助用具（手ぬぐい）の利用
・手ぬぐい2本を結び，片側を鉄棒に結ぶ。
 実施者の腰にかけて1回鉄棒に回した手ぬぐいを仲間が引っぱる。
 振り動作ができないので，仲間が軽く肩を押してあげてもよい。

| 腕を伸ばしたまま足を先行させる | 肩をしっかり回転させる | 手首を返しながら，引き続き肩を回転させる | 両手で支え回転を終える |

57

回る運動 5 前方支持回転

前方支持回転

中・高

運動のポイント

腕で鉄棒をしっかり押し
足を軽く振る
背中を伸ばし足はやや
前に

腕を曲げながら前方に乗り出し，鉄棒を押す
「遠くを見る」ことが大切

腰を曲げてぶらさがる
まだ鉄棒は引っぱらない
ここで最もスピードがつ
くよう背中を伸ばす

つまずく動きと指導のポイント

おじぎ 　　　　前に軽く振って 　　　　くの字 　　　　腰が引っかかる

●回転直後に背中を丸める＝回転のスピードが得られない

　➡ 回転のエネルギーは，頭や上体の重みを使って前方に倒れることで得られる。早く回ろうとしておじぎをするように体を丸めてしまうと，回転スピードは得られない。
　最初は足を軽く前に振り，姿勢が「くの字」になるようにする（初めから膝を軽く曲げた「くの字」でもよい）。そこから足を少し後ろに動かしてから回転を始める。回転開始の動作や姿勢については「腕で鉄棒を押す」「背中を一本棒に」「胸を前に突き出す」という指導がよい。「遠くを見て回る」ことを強調する。

前方支持回転は腕支持の姿勢から前方に回転して腕支持の姿勢に戻る運動である。子どもは「空中前回り」と呼んでいる。だるま回りの発展として扱うとよい。

膝を胸に近づけ，鉄棒をはさむように　　　　　　　　　　　　　　最初の姿勢に戻る
手首を返しながら鉄棒を支え起き上がる

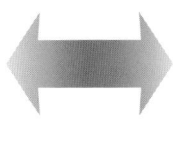

鉄棒の下で背中が丸まる 　　　　　　　　　　　　　ぶらさがり

●回転途中で腕が曲がる
　➡ 左の写真のように腕を曲げた動きは，早く前に回ろうとすることから起こる。鉄棒の下を上体が通るときにスピードがないと，回転後半の起き上がりができない。右の写真のように，背中を伸ばして腰で鉄棒にぶら下がる姿勢が大切になる。

59

■関連する運動と指導のポイント■

●鉄棒の握り方

・もう少しで回れそうだが最後に鉄棒から体が離れて下りてしまうのは，回転不足や鉄棒の握り方に問題がある場合がある。

下の写真のように，最初は拇指球のところに鉄棒がくるよう，また手が「八の字」になるように置く。軽く握り，支える。回転して上体が下を通るときには，しっかり握るのでなく指先で引っかける。鉄棒をはさんで起き上がるときには，鉄棒を押さえる。

●前回り下り

・左の写真のように着地した足の位置が鉄棒から遠くならずに，中央の写真のように鉄棒の真下に着地した方が回転力がついている。そうすれば，すぐに右の写真のような姿勢になれる。

●ぶらさがり

・写真左のように腰が伸びてしまうと鉄棒にぶらさがれない。写真中央の姿勢がとれるよう、ふとんほしの姿勢をゲーム等で再度経験させる（写真右）。

<だるま回り>　　　<前方支持回転>

●だるま回り

・左右の写真はだるま回りと前方支持回転における回転の最初と後半部分である。いずれの動きもよく似ている。
・腕支持から体を倒して、だるま回りになる動きを扱っておくとよい。
・片手だるまも有効である（p.43参照）。

回る運動 6 側方支持回転

側方支持回転

中・高

鉄棒運動では珍しく，横に回転する運動である。よく似た運動として，後方腿かけ回転がある。

運動のポイント

つまずく動きと指導のポイント

●鉄棒に上がれない

早く上がろうとして，左の写真のように体を縮めると回転力を減少させてしまう。回転力得るためには，大きく回ることと，鉄棒の下でしっかりぶらさがることが大切である。

Ⅳ. 下りる運動

下りる運動1 転向下り

転向下り

低・中

運動のポイント

| 片足をかけて | 片手を逆手にして腰かけの姿勢になる | 両手を足の外側に | 片手は鉄棒を持ったままとび下りる |

- 連続技で，膝かけ回転を終えた後に行うとスムーズなつながりになる。
- 支持する側の手は逆手にしておく。
- 支柱がある場合は，最初は片手で支柱を握り，足を抜くとよい。支柱がない場合は，慣れるまで横か後ろから補助してもらうとよい。

■とび箱を使っての練習■

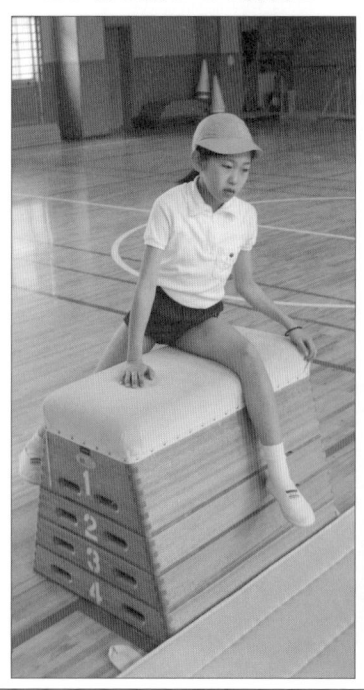

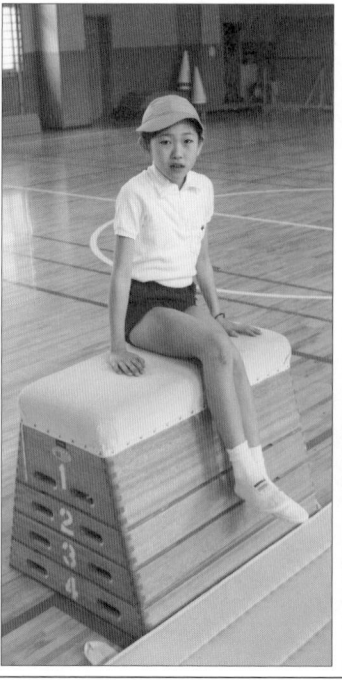

64

下りる運動 2 踏み越し下り
踏み越し下り

中

運動のポイント

両手での支持　　　　片手を逆手にし，その手と　　　　鉄棒を持ったまま着地
　　　　　　　　　　反対側の足で踏み越して

■とび箱を使っての練習■

■補助者の助けを借りて■

指導のポイント

・片手（支持腕）を逆手にしておかないと，踏み越した後，腕がねじれ支えられない。
・最初は，鉄棒の前に乗り出すことに抵抗のある子どもが出てくる。
・支持腕と鉄棒に乗せた足でしっかりと体を支える。

下りる運動 3 こうもり振り下り

こうもり振り下り（両膝かけ振動下り）

中・高

運動のポイント

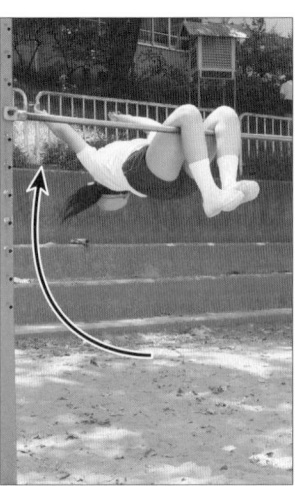

両足でぶらさがり　　手と上体で前後に振りながら　　顎を上げていき

つまずく動きと指導のポイント

● 最初の振りがうまくできない
→ 手で地面を押してもよい。鉄棒の高さは，手をつくことができる顎程度がよい。

● 腰を曲げたまま振ろうとする
→ 落下の危険があるので，こうもり振り下りに関連した運動で，個別に指導する。

こうもり振り下りは，両膝を鉄棒にかけ，手や足，顎を使って振り，体が前にきたときに両足を鉄棒から離して下りる運動である。

体が前に振れたときに　　　　両膝を鉄棒から一気に離し　　　　安全に着地する

●振りが大きくならない
➡ 腕の振りと顎を上げることを指導する。手を下から上に振り上げると同時に顎を上げて前を見る。
また，脱力してぶらさがる感覚を身につけることが大切。

低学年から，ナマケモノジャンケンやこうもりジャンケンのような運動で，
　①逆さ感覚
　②腰を伸ばす
を身につけさせたい。

・ナマケモノジャンケン（左写真）
・こうもりジャンケン（右写真）

つまずく動きと指導のポイント

●足を離すタイミングがつかめない

➡ ゴムに手をついて下りる

ゴムを20cm程度前にはり，手をついて下りる。いきなり足で立とうとすると怖いが，手をつくことで安心感が持てる。壁逆立ちのように，片足ずつ離すのでなく両足を一緒に「ポン」と離すことを意識させる。

➡ 目標物を決め，見えたら下りる

目標物を決めておくと，下りるタイミングがつかめる。
また，下りるタイミングで，仲間が「いま！」と声をかけてあげるとよい。

■[発展] 1回振り下り■

| 鉄棒を握り腕を曲げて鉄棒に体を引き寄せる | 腕を伸ばしながら振りを大きくする | もう一度振って | 振り戻るときに手を離す |

➡ 仲間や教師の補助
　補助者は片手で脇を持ち,振り戻って前に顔が上がったところで引き上げてあげる。
　「いーち（前への振りから後ろへの振り），にーの（前への振りから後ろへの振り），さん（前に）」の声をかけてあげ,「さん」のタイミングで下りる。

膝を支点に回転
しながら

膝を鉄棒から一気に離して着地

下りる運動 4 グライダー
グライダー（飛行機とび） 高

運動のポイント

鉄棒の上に足裏を乗せる	両手で鉄棒を握り，膝を伸ばして突っ張る		足裏でしっかり押す	ぶらさがる

つまずく動きと指導のポイント

● 高さに対する抵抗がある

➡ 目の高さ程度の鉄棒で，後ろを支えてもらいながら立ち，前にとび下りる。

70

グライダーは，足裏と手を支点にして回転して足を離し，手で鉄棒を押して体を反らせながら前にとび出す運動である。

体を反らせながら肩角度を一気に開き，足を前に振り出す
手で鉄棒を押す

膝を曲げて柔らかく着地

● 体を押し出す感じがつかめない
　　➡ 前振り出しを指導する。
　　　両足立ちから足首を鉄棒につけるようにして，体を反らせながら足を前に振り出す。
　　　グライダーの後半部分が経験できる。授業の最初に扱うとよい。

71

つまずく動きと指導のポイント

● ぶらさがった姿勢から振り出すタイミングがわからない

➡ ぶらさがって突っ張った姿勢から、補助者が腰と背中を持ち、揺すってから押し出してあげる。
「いーち、にーの、さん」の声をかけながら振り出すタイミングをつかませる。

➡ ゴムを前にはり、少しずつ距離を伸ばしていく。
「一歩前に」→「もう一歩前に」と20cm程度ずつ伸ばし、目標にさせる。

■ [発展] 足裏支持棒下振り出し下り ■

| 足を振る | 振り足を鉄棒まで上げる | 上に乗って |

●突っ張る感じと振り出すタイミングがつかめない

➡ 鉄棒の上に立ち，補助者が後ろから腰を持ってあげ，振り出すまでのタイミングをつかませる。

最初は押し出してあげるようにする。慣れてきたら自分で振り出す。

鉄棒は，目の高さ程度が怖くなくてよい。

足裏を支点として　　腰を回転させながら　　　体を反らせ振り出してとぶ

下りる運動 5 両膝かけ後ろ回り下り

両膝かけ後ろ回り下り

中・高

運動のポイント

腰かけて準備の姿勢
お尻に近いところで

両膝を鉄棒にかけて後ろに回る

両手でのぶらさがり

そのまま回転を続け鉄棒から
両膝を離す

着地

V. 技の組み合わせ・連続技

技の組み合わせ・連続技 1
回る運動の組み合わせ

中・高

■だるま回りの手を持ちかえた連続（前ー左ーバッテンー右）■

前

左

■膝かけ後ろ回りと前回りを組み合わせて連続■

膝かけ後ろ回り

■前方支持回転と後方支持回転を組み合わせて連続■

前方支持回転

同じ運動を連続して回転することも楽しいが、ここでは、2つ以上の運動を組み合わせた例を示した。同じ方向だけでなく、違った方向に組み合わせるのも楽しい。スムーズなつなぎ方がポイントになる。

バッテン　　　　　　　　　　　　　　　　　　　　　　　　　右

膝かけ前回り

後方支持回転

技の組み合わせ・連続技 2
上がる・回る・下りる運動の組み合わせ

中・高

■ とび上がり－ふとんほし手たたき－前回り下り ■

とび上がり　　　　　　　　　　　　　　　ふとんほし手たたき

■ 膝かけ上がり－膝かけ後ろ回り－両膝かけ後ろ回り下り ■

膝かけ上がり　　　　　　　　　　　　　　膝かけ後ろ回り

■ 逆上がり－後方支持回転－グライダー ■

逆上がり　　　　　　　　　　　　　　　　後方支持回転

「上がる―回る―下りる」という流れに沿った連続技を示している。できるようになった技を組み合わせて「つくる楽しさ」を味わわせたい。できない技に挑戦している場合は補助でもよいことにする。

前回り下り

両膝かけ後ろ回り下り

グライダー

■著者紹介

木下 光正（きのした　みつまさ）

1955年　東京都に生まれる
1977年　立教大学社会学部卒業
埼玉県志木市立志木第二小学校、志木市立宗岡第二小学校、志木市立志木第四小学校を経て、
1994年より筑波大学附属小学校教諭、2015年より天理大学体育学部・体育学研究科教授（2017年時点）

・筑波学校体育研究会理事
・日本体育学会会員
・日本スポーツ教育学会会員
・日本体育科教育学会会員

【著書】
『写真で見る「運動と指導」のポイント　6 陸上』日本書籍、1997年（単著）
『子ども＆授業 体育』日本書籍、1998年（単著）
『写真で見る「運動と指導」のポイント　8 力試し・体つくり』日本書籍、2003年（単著）
『体育授業のジャンケンゲーム集』日本体育社、1999年（共著）
『体育授業のコツ34』小学館、2003年（共著）
『子どもが力をつける体育授業』不昧堂出版、2004年（共著）
『子どもの豊かさに培う共生・共創の学び　体育』東洋館出版、2004年（共著）
『苦手な運動が好きなるスポーツのコツ②陸上』ゆまに書房、2005年（共著）
『よく食べて・よく動いて健康な体をつくろう！』学事出版、2006年（共著）
『クラスの一体感が生まれる長なわとびの授業』学事出版、2007年（単著）
『10分でわかる！体育授業のコツ』（低・中・高学年の3巻）学事出版、2008-09年（共著）
『とってもビジュアル！筑波の体育授業・低学年編』明治図書、2009年（単著）
『体育科教育別冊　すぐに使える・どの子も夢中になる体育授業のジャンケンゲーム５０』
　　　　　　　　　　　　　　　　　　　　　　　　　　大修館書店、2011年（共著）
『「できたー！」を共有　指導ポイントがわかる器械運動の授業』明治図書、2013年（単著）
『小学生の動きつくり・体つくりの教科書』ベースボールマガジン社、2014年（共著）
『「できた！」が子どもから聞こえてくる体育授業9つのポイント』学事出版、2015年（単著）
『スペシャリスト直伝　小学校　体育授業　成功の極意』明治図書、2016年（単著）
　　　　　　　　　　　　　　　　　　　　　　　　　　　　　　　　　　他多数

<小学校体育>写真でわかる運動と指導のポイント　鉄棒

© M.Kinoshita 2008　　　　　　　　　　　　　　　　　　　　NDC375／79p／26cm

初版第1刷発行	2008年3月1日
第3刷発行	2023年9月1日

著　者　　　　　　　木下光正
発行者　　　　　　　鈴木一行
発行所　　　　　　　株式会社 大修館書店
　　　　　　　　　　〒113-8541　東京都文京区湯島2-1-1
　　　　　　　　　　電話03-3868-2651(販売部) 03-3868-2297(編集部)
　　　　　　　　　　振替00190-7-40504
　　　　　　　　　　[出版情報] https://www.taishukan.co.jp/

装幀・本文レイアウト――阿部彰彦
印刷所――――――――横山印刷
製本所――――――――難波製本

ISBN 978-4-469-26651-1　Printed in Japan
Ⓡ本書のコピー、スキャン、デジタル化等の無断複製は著作権法上での例外を除き禁じられています。本書を代行業者等の第三者に依頼してスキャンやデジタル化することは、たとえ個人や家庭内での利用であっても著作権法上認められておりません。